HISTOIRE DE BRETAGNE — CRITIQUE DES SOURCES

SAINT EFFLAM

TEXTE DE SA VIE LATINE ANCIENNE ET INÉDITE

PUBLIÉ AVEC

NOTES ET COMMENTAIRE HISTORIQUE

PAR

ARTHUR DE LA BORDERIE

Membre de l'Institut

RENNES

J. PLIHON ET L. HERVÉ, LIBRAIRES-ÉDITEURS

5, rue Motte-Fablet, 5

MDCCCXCII

ANCIENNE VIE LATINE

SAINT EFFLAM

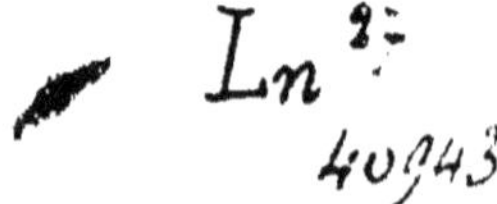

SAINT EFFLAM

TEXTE DE SA VIE LATINE ANCIENNE ET INÉDITE

PUBLIÉ AVEC

NOTES ET COMMENTAIRE HISTORIQUE

PAR

ARTHUR DE LA BORDERIE

Membre de l'Institut

RENNES

J. PLIHON ET L. HERVÉ, LIBRAIRES-ÉDITEURS

5, rue Motte-Fablet, 5

MDCCCXCII

Extrait des *Annales de Bretagne,*
tome VII, pp. 279 à 312.

SAINT EFFLAM

TEXTE INÉDIT DE LA VIE ANCIENNE DE CE SAINT

AVEC

NOTES ET COMMENTAIRE HISTORIQUE

AVERTISSEMENT.

La Vie latine de saint Efflam — le plus ancien document venu jusqu'à nous concernant ce personnage — n'est conservée aujourd'hui que par la copie exécutée au XVIIe siècle sous la direction des Bénédictins bretons, « ouvriers de l'histoire de Bretagne, » auxiliaires de dom Audren et de dom Lobineau. Cette copie figure dans leur grand recueil hagiographique, volume XXXVIII de la collection des Blancs-Manteaux, de la p. 701 à la p. 710. Suivant une note inscrite en tête de cette copie, le texte est tiré du grand Légendaire du diocèse de Tréguer (Ex Legendario Trecorensi), lequel, selon Lobineau, avait été écrit vers la fin du XIVe ou au commencement du XVe siècle (1). Dans cette transcription, un peu négligée, le copiste a omis quelques mots indispensables au

(1) Voir *Vies des Saints de Bretagne*, édit. 1725, in-folio, p. 111.

sens, que nous avons dû suppléer en les mettant entre crochets. Nous avons par ailleurs reproduit le texte sans y rien changer, mettant des æ ou des e simples, comme le copiste l'avait fait.

Pour en rendre l'usage plus commode, nous avons coupé ce texte en paragraphes numérotés en chiffres arabes. Dans le grand Légendaire de Tréguer, il était déjà divisé en neuf leçons, mais si étendues, que la première d'entre elles suffit à fournir les neuf leçons de l'office de saint Efflam dans un petit Légendaire trégorois de la fin du XVe siècle, conservé à la Bibliothèque nationale (ms. lat. 1148), et d'où nous avons tiré quelques variantes.

Les documents relatifs à saint Efflam étant fort rares, surtout les documents liturgiques, nous croyons devoir reproduire la commémoration de ce saint contenue dans un bréviaire manuscrit du XVe siècle, à l'usage (probablement) du diocèse de Tréguer, conservé actuellement à la bibliothèque du Petit Séminaire de cette ville (1) :

« EUFLAMI.

[O] Euflame, qui ab infancia,
Ut haberes eterna premia,
Respuisti mundana gaudia,
Venerantes tua sollemnia
De presentis vite miseria
Magna tecum duc ad celestia.

V. Ora pro nobis, beate Euflame.

Oratio. — Deus, qui nos beati Euflami confessoris tui annua

---

(1) Au fol. 152, recto et verso de ce manuscrit. Ce document liturgique a déjà été imprimé en 1885 dans les *Mémoires de la Société archéologique des Côtes-du-Nord*, 2e série, t. II, p. 67, mais avec près d'une vingtaine de fautes, que nous rectifions ici.

sollemnitate letificas, concede propicius ut cujus natalicia colimus per ejus ad te exempla gradiamur. Per.

Cetera omnia sicut de uno confessore non episcopo.

A. (*Antiphona*). Euflamum (1) hodie sociat in Domino angelorum sibi eximia turma ; letus intrat celestia, accepturus eterna premia.

V. Justus ut palma.

Oratio ut supra. »

— *Un autre document liturgique qu'il serait bien désirable de retrouver, c'est l'office local de notre saint imprimé en 1575 au couvent de Cuburien, près de Morlaix, office dont le P. Albert Legrand a tiré sa notice sur saint Efflam, et dont, à la fin de cette notice, il parle en ces termes :*

« Cette Vie a esté extraite des anciens Legendaires manuscrits de l'église parrochiale de Plestin, en Treguer, et redigée en ordre d'office ecclesiastique par leçons, hymnes et respons, par les recteur et prestres de ladite paroisse, imprimée au convent de Cuburien, près Morlaix, d'où nous l'avons tirée (2). »

D'après cela, Albert Legrand a connu la Vie de saint Efflam par l'intermédiaire de l'office imprimé en 1575, composé probablement peu de temps auparavant. A lire son récit, on voit que les leçons de cet office concordaient presque entièrement avec la légende latine dont nous publions le texte. Toutefois, sur la découverte et la translation du corps de saint Efflam, elles contenaient des renseignements curieux qui ne sont point dans cette légende et que nous relevons ci-dessous (p. 36), d'après le P. Albert.

____

(1) « Euflamus » ms. — faute.

(2) *Vies des Saints de Bretagne*, 1re édit. (1637), p. 569 ; édit. Kerdanet (1837), p. 707.

[Ms. p. 701] SANCTI EUFLAMI CONFESSORIS (1)

(VI Novembris)

LECTIO I.

1. — Beatus igitur Euflamus, natione Hyberniensis, patre
rege natus fuit. Hunc Dominus noster Jesus Christus, miserie
regionis finem volens imponere, nasci voluit, Hyberniensibus
miseris ad Dominum jugiter clamantibus et veterum malorum
metam quotidie exorantibus. Adhuc eo latente in visceribus
matris, viri multi necnon et matronæ de virtutibus ejus, quæ
futuræ erant, in visionibus multa videbant. Unde illum, quem
nondum noverant, potentem virum fore et firmam suis colump-
nam, consilium et tutorem patriæ predicabant. Omnes igitur po-
puli, precipue qui afflicti et fatigati in duris expeditionibus
fuerant et adhuc sub dubia sorte duelli non minimum timebant,
illum patrocinium regni futurum cum summo prestolabantur
desiderio, utpote qui veniam omnium malorum qui regionem
illam invaserant funditus erat eradicaturus.

2. — Regio illa multis urgebatur incommodis. Rex enim
quidam collateralis Hyberniæ, suam cupiens magnificare potentiam, fortunæ Hyberniensium invidens, eos innumeroso milite
cinctus ex improviso aggressus est; multos ex eis brutorum
more animalium truncavit; pars duris traditur vinculis; multa
mancipia in cinerem redacta (2) occubuerunt. Econtra, Hyber-
nienses quandoque viriliter resistebant, multumque cruoris
utriusque gentis fundebatur. Jam mutuam cladem quoque atavi

---

(1) Bibliothèque Nationale, Blancs-Manteaux, vol. XXXVIII, aujourd'hui
ms. fr. 22,321, pp. 701 à 710.

(2) Ms. « detracta, » — faute.

inchoaverunt. et a nepotibus incrementa sumendo ad tempus hujus pueri in ritum pervenit. Sed, Deo volente miseris nasci læticiam puero tanto nascente, reges qui sibi imit.bantur (1) morem antecessorum, antiquam finire discordiam statuerunt; et ut fedus pacis staret inviolabile, predictus regis Hyberniensium filius alterius regis filiæ sponsus efficitur.

3. — Puer in puericia scolis perfecte erudiebatur, præ cæteris doctrina proficiebat; apud omnes morum gratia fulgebat. Ætate crescente, animi virtus crescebat. Hic antequam sponsam thori faceret sociam, adolescens corpore sed mente senex, secum viriliter deliberavit quanta gloria virginitati debetur et quod proximam Christo sedem virgines coronati possideant : muliebrem devovit copulam, luxuriæque faces penitus extinguit. Carnem jejuniis macerabat, aliis documenta dando; omnem luxuriam quasi nefas perhorruit; corpore, mente, manu suo studuit servire Creatori. Corpus pudiciciæ regebat arbitrio; ad virtutes sacræ mentis jugiter hyabat devotus. Manus, plurima pauperibus erogans, [**Ms. p. 702**] opus fructuosum sepissime perficiebat. Ita sibi sapienter consulebat. Tam salubre consilium, diu celatum, participibus ætatis et studii primo revelavit. Addidit etiam (2) se, nabitu regali deposito, opulentia patris neglecta, navigiis æquore preterito, velle loca deserta et vaste solitudinis explorare procul, ut a patria remotus, oblitus patriæ oblitusque suorum, illi quem gerebat in animo liberius vacaret. Consortes sanctum collaudant propositum, atque unanimiter precantur ut exilio tam felici eorum dignetur habere consortium. Sanctus Euflamus justis suorum assentit precibus. Sed dum iter pararent, pater suus Euflamum occupat in tantum sponsamque ei conjugem parat. Ductus patris reverencia, corde repugnans, non ore repugnat. Dies conjugii nominatur, conveniunt barones regi celebri congaudentes leticia,

_____

(1) Bl. Mx « mutabantur. » Mais le ms. lat. 1148 de la Bibliothèque Nationale (f. 87) porte « imitabantur. »

(2) Ces deux derniers mots ne sont que dans le ms. lat. 1148, f. 87 v°.

atria regis festivo resonant tumultu. Celebratis itaque de more
nuptiis, Euflamus virgo cum virgine desponsata genialem adeunt
thorum (1).

LECTIO II.

4. — Euflamus non blandiciis Veneris conjugem demulcet, sed
casto sermone. Deum ex toto corde et ex tota anima exhortatur
amare, exhortationibus preces adjungit supplices ut sexum muliebrem non muliebriter tegere (2) laboraret. In exemplum multas
adducit virgines quæ, casto corpore et mente devota Domino
servientes, bravium eternæ vitæ feliciter meruerunt habere. Sic
iste conjunx salutifer effecerat ut hæc, quæ modo virginitate pri-
vari volebat, virginitatem conservare intemeratam toto mentis
affectu desideraret. Ex cujus responsione benigna conjugis conversionem sancti viri cognovit prudentia. Sponsam tota nocte
sponsus ad virtutem movebat, nec minus illa sponsum in virtutibus instruit : utpote quæ, jam vas electionis facta, Sancti Spiritus gratiam assumpserat. Nactus itaque tempus opportunum,
sanctum mentis propositum sociæ suæ ex ordine aperit. Illa vero
audiens hoc valde stupuit, et res sibi altius in corde quam ipse
putabat descendit, et dum secum multa volvendo miraretur quid
hoc esset et quorsum tenderet, ut erat tota nocte vigiliis gravata
et curis languida, dormire cœpit.

5. — Sanctus igitur feminæ diffidens fragilitati et incontinentiæ,
quoniam vas fictile est, et jam pœnitens [**Ms. p. 703**] quod rem
ei denudaverat, clam a thalamo regali egressus est et ad portum
cito pervenit. Vir socios properantes navigium invenit, ut eis die
preterita injunxerat. Persuadente itaque aeris temperie et venti,
cujus tunc copia, Deo dante, maxima erat, mare intraverunt
Deo duce, et aura spirante prospera Britanniam adeunt ad

(1) Ici finissent les neuf leçons du ms. latin 1148.
(2) *Sic?*

saxum quod Hyrglas a cultoribus illius provinciæ nuncupatur(1).
Navem cum gaudio feliciter applicant. Erat autem in littore illo
antrum quoddam saxosum a saxo predicto mille passibus differens,
cujus profundum ab introitu novem constat cubitis; hyatus
autem circiter duodecim ulnas in latum dilatabatur. Sancti viri
a nave exeuntes, gaudentes quod terram adepti essent, dum in
littore deambularent situm et positiones locorum admirantes,
et forte quoddam monstrum a silva exiens ad antrum predictum
gressus dirigens comperiunt. Quos (2) mira calliditate vertens,
verso gradu incedebat, ut vestigandi peritiam hac falsa inces-
sione sequentibus adimeret. Quis enim hanc illi monstro inesse
crederet astutiam ? Sic multos deceperat.

6. — Arturi quoque fortissimi, qui eo tempore monstra in
illis Britanniæ partibus persequebatur, hoc modo multotiens
devitaverat occursum. Sed tandem, Deo volente, belluæ delusa
est astucia pernitiosæ. Nam forte Arturus, factis (3) ejus totum
intendens animum, eam ubique vestigabat. Dumque circum
latebrosa perquiteret saxa, sanctis in littore obviavit viris;
admiratur quod ausi essent in tam vastis et horribilibus habitare
solitudinibus. Querit ab eis diligenter qui sint et unde : de
quesito, illis docentibus, de spelunca etiam monstri, illis
indicantibus, certificatur. Gratulatur Arturus de sanctorum
adventu et toto corde letatur de speluncæ monstri demonstra-
tione, quoniam indignans sibi, tanquam a monstro victus, tristis
multotiens discesserat quod illud indagare non poterat. Armatur
ergo clava trinodi, clipeo quem pellis tegebat leonis animosum

(1) A l'ouest du clocher de St-Michel en Grève (aujourd'hui commune du
canton de Plestin, arrondissement de Lannion. Côtes-du-Nord) se déploie en
arc de cercle une longue et profonde grève d'un beau sable, appelée en raison
de son étendue *la Lieue de grève*. Au bord de cette grève, dans la région du sud-
ouest, se dresse un grand rocher très pittoresque dit en breton *Roch-Hirglas*
(c'est-à-dire Roche longue-bleue), mentionné sous ce nom dans un acte de 1086
(D. Morice, *Preuves de l'Hist. de Bret.*, I. 460) : c'est là qu'aborda Efflam, avec
sa bande d'émigrants. Ce nom a été défiguré depuis en Roc'hallas, Roc'h-Querlas,
et aujourd'hui Roc'h-Ellas.
(2) « Quos » (i. e. gressus). Le ms. a « quod » — qui semble une faute.
(3) Ms. « Sanctis. » — faute.

defendit pectus ; deinde publicum hostem, solus pro omnibus
pugnans, viriliter invasit.

7. — Contra, horribile monstrum se suis protegit armis.
Ymo, primum in Arturum facit incursum, indignans quod ab
uno impeteretur homine, cum sæpe multos victor populos
superasset. Impetum ergo collecto robore faciens, Arturi
validum ferit clipeum, quem leviter unguibus perforat acutis.
Quid mirum? Lapidis enim duricia, ut locus ille plagas in se
gerens testimonium perhibet, illorum cederet acumini. Arturus,
reducto corpore, sine vulnere mansit; et magis commotus in
iram acerrime percutit hostem. Menia tanto dirrueret ictu, sed
hostis, duricia pellis defensus, non letalem accipit ictum. Dolor
tamen ictus validior descendit ad imum. Per totam hoc modo
pugnavit diem : adhuc serpens sine letali manebat vulnere.

Lectio III.

8. — [**Ms. p. 704**]. Arturus, ut noctem sensit adesse, certamen in crastinum differt. Ad sanctos viros lassus labore et estu
languidus revertitur; fauces ejus siti arebant valida, querit
aquam a viris, Euflamus respondet pro omnibus unus :
« Domine, non habemus aquam, similiter et nos ea indigemus :
superest ergo ut Dominum nostrum eam postulemus. » Laudat
Arturus justum boni viri consilium. Flexis genibus, omnes
prosternuntur in terra. Euflamus a toto corpore prostratus, vox
omnium sociorum, orat dicens : « Deus, cujus potestas immu-
tabilis cuncta sine prejacenti materia creavit, et cui universa
res quæque secundum suam proprietatem deservit, ad cujus
jussum omnia suam mutant qualitatem, ut quæ dura sunt
defluant mollia et quæ sunt aspera fiant plana : declara virtutem
tuam super nos, et quemadmodum in deserto aquam manare
de petra, sitiente populo, jussisti et famulo tuo Moyse orante,
sic, Domine, in multitudine misericordiæ tuæ digneris aquam
nobis infundere. » Oratione completa, rupem eminentem

ascendit [per] quam, facto sanctæ crucis signaculo, silice per-
cussa, aqua copiose prorupit in aera (1). Quem laticem cum vir
sitibundus gratias agens libasset, ante sancti Euflami pedes
pronus corruit; supplicibus precibus expostulat ut manus impo-
nendo ei dignetur benedicere et in orationibus pro eo ad Deum
orare, utpote qui sepe pro gentis liberatione multa vitæ discri-
mina dubius subire solebat. Euflamus, vir Dei, benedicens ei
munus promittit orationum.

Lectio IV.

9. — Discedit Arturus letabundus, siti fugata, viribus haustu
divino reparatis, sancta benedictione munitus, confidensque de
sancti viri virtute, certamen cum monstro ejus reliquit arbitrio.
Athleta igitur Christi, armis fidei munitus, monstrum immane
jubet prodire, utque fidem sociorum confirmet, voce sic affatur
aperta : « Domine Jesu Christe, qui discipulis tuis tantam dedisti
potentiam ut ligare atque solvere valeant quæcumque voluerint,
de quibus etiam dixisti : *Fugam demoniis imperabunt, ser-
pentes tollent*, huic serpenti impera discessum, ut hec regio
a tam pestifera pernicie liberata et laudes tibi et gratias referre
valeat. » Et cum respondissent : « Amen, » monstrum, supra
silicem erectum, oculos partes circumtulit [**Ms. p. 705**] in omnes
et clamorem magno gemitu miserabili permixtum emisit, cujus
horrore etiam loca tremuerunt remota. Deinde, submisso capite,
ore singultienti et naribus vomitum protulit sanguineum : illius
loci saxa in testimonium hujus miraculi adhuc tanquam recenti
sanguine rubere videntur (2). Deinde, videntibus sanctis, ad mare
descendens, altum tendens in pelagus, non rediturus abivit. His
duobus miraculis, Deus famulum suum Euflamum in principio

---

(1) Fontaine dite *Toul-Efflam*, c'est-à-dire, le Trou d'Efflam, au bord de la
Lieue de grève ; près de cette fontaine est la chapelle Saint-Efflam.

(2) Allusion à un rocher situé sur la Lieue de grève du côté de l'ouest, et qui
est appelé *Roch-Ru*, c'est-à-dire, Roche-Rouge.

exilii sui magnificare voluit, ut de gratia sua confideret qui patrem
et matrem derelinquerat, qui omnibus quæ possidebat abrenun-
tiaverat, ut eum juste sequeretur.

10. — Fugato itaque monstro, sancti viri per loca littori con-
termina securius gradiuntur. Quo magis a littore discedunt, magis
terræ illius facie capiuntur amœna. Locorum positiones dictis
collaudant alternis, dumque mirantes huc illuc agmine conjuncto
incedunt, in quamdam incidunt cellulam non multum a littore
remotam, quæ lingua Britannorum *Donguel* nuncupatur et ab
antiquis ædificata, ut operis materies et qualitas etiam nunc
declarat(1). Unde gratias Deo dederunt, et multo lætiores quam si
aliqui terrenis inhiantes, regnum querentes, regiam paratam
aulam adepti essent, lucescente aurora crastina, post completa
officia cum foras egressi essent, huc illuc ambulantes forte in
gramineum incidunt rivulum, quem circa euntes, ad fontem per-
veniunt qui ad ymum perlucidas undas cum leto murmure
ducebat. Hic placuit viris Dei deponere sitim; deinde ad cellulam
cum gaudio revertentes, super mensam quamdam refectionem
sibi paratam et angelum juxta sedentem invenerunt, quibus
angelus ait : « Viri fortes, nolite timere, sumite cibum a Deo
patre vestro missum de supernis, qui me misit ad vos, ut vobis in
exilio solatium exhiberem. » Consolatis itaque ipsis, angelus
recessit. Illi vero, gratias agentes Deo, refectione divina sacra
solvunt jejunia. Statim Spiritus Sanctis gratia in cordibus illorum
diffusa est, et futurorum prescii (2) spiritum hauserunt.

Lectio V.

11. — Refectione itaque tam salubri refici statuerunt in
prima et tercia et sexta feria, secundum quod solebant solvere
jejunia. O quam ineffabilis erat ipsa refectio! Tamen his a Deo

----

(1) Sur Donguel voir ce que nous disons plus bas au § II de notre *Commentaire historique*, ci-dessous pp. 28-29.

(2) *Sic* ms. — « prescium » vaudrait mieux.

parabatur diebus ad horam. Hec refectio docuit viros Dei sed
placidum et solemnem (1). Non ergo ulterius processerunt,
sed secundum Dei voluntatem ibi insistentes [**Ms. p. 706**]
religioni remanserunt. Postea, ut divinæ contemplationi liberius
vacarent (2), decreverunt ut quisque proprium haberet secessum. Sic itaque discedentes in collaterales partes, sanctum
solum Euflamum in domum sibi dilectam relinquunt, et in
adjacentibus ei plagis habitacula sibi preparaverunt, unde in
festivis diebus ad eum conveniebant et ad tempus refectionis.

12. — Interea, consors lecti intemerati, Honora nomine,
volens pudicitiæ et religionis pariter esse socia, nocte dieque
anxia vexabatur, cogitans secum qualiter sequi posset quem
nulla sibi previsa (3) nec certus teneret locus. Tandem, tacta (4)
novo consilio, veste regali abjecta, clam, nullo comite, ad
portum prope perrexit et cuidam viro supra portum habitanti,
sibique voto cordis propositum aperit (5). Coegit itaque ipsum,
tam prece quam precio, ut ad suum novum opus de corio pararet
navigium. Parat ille ut illa preceperat. Quæ cum dixisset : « In
manus tuas, Domine, commendo animam meam et corpus meum,
ut tu, Domine, custodias et dirigas in vias rectas, » in frontem
impresso crucis signaculo, corio se circumdedit parato et sic
confidens in Domino, vitam pelagi committit fluctibus. Sed Deo
duce, sub civitate quæ est supra Leguer (6), integro adhuc corio,

(1) *Sic* ms.
(2) Ms. « vacare » — faute.
(3) *Sic* ms. Après *previsa* il manque un mot comme *regio*, *terra*, ou autre
analogue.
(4) Ms. « tanta » — faute.
(5) *Sic* ms.
(6) Il s'agit ici de l'établissement gallo-romain, dont on voit encore les ruines
à l'embouchure du Leguer, près du village du Yaudet (commune de Ploulec'h,
canton et arrondissement de Lannion, Côtes-du-Nord), et qui était une forteresse
plutôt qu'une ville. Aussi, à l'époque romaine et aux premiers siècles du moyen-
âge, l'appelait-on seulement *castellum*, comme le prouve la plus ancienne Vie
de saint Tudual, et le pays environnant se nommait *Pagus Castelli* (le Pays du
Château), en breton *Pou Castel, Pougastel, Pouhastel*, qui devint le nom de
l'archidiaconé occidental du diocèse de Tréguer, archidiaconé comprenant
39 paroisses et trèves. Au XIe siècle, une fable d'origine ecclésiastique

sana et incolumis applicavit. Claustrum quoddam, quod ex
quadris lapidibus sub civitate in mari compositum fuerat, hanc
veniente mari recepit, sed recedente retinuit in sicco relictam
littore.

13. — Mane igitur facto, custos claustri illius, ad claustrum
veniens ut solitam caperet predam (nam singulis diebus piscium
quoddam genus solitus erat illic invenire), hoc solum depositum
invenit. Quod primo abhorrens, quia nunquam tale reperierat,
ut tamen corium [esse] comperit, spe ductus rei latentis acces-
sit, accepit, et deferens clam sub pallio in secreta parte domus
collocavit. Cumque sedulitate negocii compulsus festinare vellet
ad cætera, ecce vocem audivit subito; sed nesciens unde vel quis
proferret, mirando stupuit. Dum stupet, ecce corium Deo volente dissolvitur, virgo sermocinans (1) ei stupefacto apparuit.
Qua visa, homini illi stupor superadditur stupori. Sed tandem
blanda voce illius confortatus, ad priorem statum mentis revo-
catus, cœpit sciscitari ab illa quare corio sic conclusa fuisset,
et modum hujus navigii (2) et unde genus duceret et quorsum

s'avisa de placer là une prétendue cité épiscopale du nom de Lexobie, *civitas
Lexobiensis* ou *Lexoriensis*, et depuis lors seulement ou appela cet ancien établissement romain *Civitas* ou *Vetus Civitas*, comme on le lit dans un acte du duc
de Bretagne Jean Ier, de l'an 1267 (D. Morice, *Preuves de l'Histoire de
Bretagne*, 1, col. 1006). Voir ce que nous en avons dit dans *les Trois Vies anciennes
de saint Tudual*, p. 65-69, et la description des ruines antiques du Yaudet en
1778 par « un prêtre Trégorois, » publiée par nous dans nos *Etudes historiques
bretonnes*, 1re série (1884), notamment p. 5-7.

(1) Ms. « salmocinans, » — faute.

(2) Si étrange que puisse sembler le mode de navigation adopté par Enora,
il est facile de le ramener aux conditions de la réalité historique. L'ancienne
tradition, dont s'inspirait plus ou moins l'hagiographe du XIIe siècle, racontait
évidemment qu'Enora, Efflam et toute sa troupe d'émigrants, avaient traversé
la mer dans ces barques d'osier couvertes de cuir, dont les Bretons et les Scots,
depuis les temps les plus anciens jusqu'au VIe siècle, usaient dans toutes leurs
navigations, comme en témoignent tour à tour, au Ier siècle de Jésus-Christ, Pline
disant : « Britannos vitilibus navigiis corio consutis navigare » (*Hist. Natur.*,
IV, 30, cf. VII, 57), et Solin (cap. 22) : « Navigant autem Britanni vimineis
» alveis, quos circumdant ambitione tergorum bubalorum, » — au IVe siècle
(vers 370), F. Rufus Aviénus : « Navigia junctis semper aptant pellibus Corioque
» vastum sæpe percurrunt salum » (*Descr. orb. Terræ*, v. 426-27), — au
VIe siècle, Gildas : « Emergunt certatim de *curucis*, quibus sunt trans Tethicam

ire pararet. Quibus ita sibi cognitis, conversionem sancti viri ei indicavit, quoniam opera ejus a Deo pululabant ut de illis sermo per totam jam haberetur Britanniam.

Lectio VI

14. — Tirannus vero prefate civitatis, que prope claustrum sita erat, quesivit quid, illo die quo virgo reperta fuerat, in claustrum foret repertum. Nam, ut diximus, singulis diebus quid (1) piscium ibi reperiebatur. Cui [**Ms. p. 707**] cum nunciatum esset nichil contra morem ibi reprehensum, iratus se a custode claustri deceptum [putans], turbata mente ad domum ipsius properavit, et sevam in ipsum exercens tirannidem, rei veritatem fateri coegit. Qua cognita, virginem, quæ jam monstrato itinere ad sanctum propere tendebat Euflamum, vestigia colligendo, velociter insequitur sonipede, et jamjam comprehendere putans totas remittit habenas, sed frustra sequitur, frustra sequendo sevit; nam virgo facili gradu, Deo annuente, precedens, ocior sequente fugiebat.

15. — Ille, licet requiem sibi et equo furibundo negaret, tum quadam segnicia desuper immissa tardatus, nequaquam assequi poterat. Jam virgo sancti Euflami habitaculum nacta, suo timori invenerat asilum. Insequens hostis, cum jam illa intrare pararet, dexteram extendit ut eam comprehenderet et sinistram pretendit liminari. Hec ut erat extenta diriguit, illa liminari adhesit. Sic ita herens et jam nequitiæ penitens, preces

---

» vallem evecti, tetri Scotorum Pictorumque greges » (*Hist.*, XV, édit. Stevenson 19). *Curuc* est ici le nom breton de cette espèce de barques, nom encore existant en gallois sous la forme *cwrwg, cwrwgl*, que Davies dans son *Dictionnaire* (1632) traduit par « Cymba piscatorum corio contecta; » — en langue gaëlique *corroghes*, selon Usher (*Brit. eccl. Antiq.*, p. 318), et selon le *Dictionnaire gaëlique* de 1828, *curach*, que ce dictionnaire traduit : « Cymba, » navicula viminea et pellibus munita. » — Mais, au XIIe siècle, ce genre d'embarcation étant hors d'usage, du moins pour traverser l'Océan, l'auteur de la Vie de saint Efflam y a vu, par méprise, une outre de cuir, où il a enfermé Enora pour la faire naviguer.

(1) Ms. « quid » pour « aliquid. »

fundendo flebiles miser clamavit et auxilium a sancto viro cœpit
implorare. Sanctus vero Euflamus, non immemor illius sancti
Evangelii ubi Dominus ait : « Nolo mortem peccatoris, sed ut
convertatur et vivat, » accedens tetigit eum et manus in pro-
prios usus reformavit, et eum in Christi nomine sui compotem
constituit. Tunc ille, celesti verbere domitus, jam cognoscere
incipiens quid sibi contigerat et quantum Deo displicuerat, sa-
tisfactionem agens, pronus in terra ante pedes sancti viri corruit, et veniam postulans, in emendationem commissorum pre-
dia sancto restituit, et totum suum redditum in presenti provincia ei concessit. Et accepta benedictione, letus ad. propria
recessit.

Lectio VII.

16. — Sanctus vero Euflamus, cum modum itineris et causam
suæ consortis cognovisset, gratias agens Deo optimo, ejus proposito
vehementer gratulabatur, et in honestate religionis, in divinis
mysteriis, non parvam fecit habere discretionem. Simul ita ali-
quandiu munde et caste vixerunt; sed sanctus, tanquam delectatio
nimia esset, hanc castigavit licentiam. Nam consorti suæ corporis
sui prohibuit aspectum; sed ne muliebris animus, ut fragilis est,
suo privatus solatio custode (1) careat fideli, suo salubri colloquio
ad consolationem frui concessit. Gaudet hæc hac corporis divi-
sione, que conjuncta erat cum unione et amore socii spiritaliter
ducta.

17. — Basilicam sibi juxta socium cum auxilio fratrum adja-
centium breviter construxit. Veniens ergo cotidie in horis diei ad
complenda misteria, stabat foris juxta parietem, et parum ad
horam cum famulo Dei loquens de instructione vitæ, non eo viso,
ad proprium [**Ms. p. 708**] revertebatur domicilium. Post multum
vero temporis, recedens inde ad Cornubiam, volens ibi manere,

_____

(1) **Ms.** « non careat » — faute.

famulas Deo acquisivit, cum quibus basilicam constituit; et stadio hujus vite ibi decurso, bravio perhenni meruit donari. Ibi memoria ejus cotidie agitur, et solemni letitia festum ejus celebratur. Sanctus vero in loco sibi complacito Deo devote serviens, femineo sexui nunquam postea domum suam intrare concessit; sed corpus suum castigando, orationibus instando, sibi et aliis fructum faciebat oculorum (*sic*).

18. — Dum sic celestis pater in terris celibem duceret vitam, ecce vir Dei, Jestinus nomine, S. Petri apostoli et aliorum apostolorum domibus rediens peregrinus, plenus virtutibus adest. Qui cum lassitudine tanti itineris fatigatus vellet respirare, ad habitaculum S. Euflami, in quo *prior* [Jestinus ille] habitaverat, et a quo suum iter acceperat, gradum dirigit. Sed ut sanctum vidit Euflamum, sic eum cœpit alloqui : « O juvenis magne pietatis, dilecte Deo et angelis, non adeo presenti dignus hospicio quantum celesti palatio desideratus, non invisus, non ingratus huc hospes ad fuisti. Hæc domus, quondam nostra, tua est eritque tua in futurum, et a nomine tuo hec provincia nomen accipiens tibi per multas serviet gentes. Hec etiam tota provincia se tibi suamque debebit opulentiam.

Lectio VIII.

19. — « O quam felices sunt parentes qui tantum sibi ediderunt filium, regni celestis heredem! In te quippe, in te benedicentur illi. Non enim parvam gratiam tibi contulit Dominus, quod beatitudo loci et conversacio vite multis ostendit augmentis. » Hec et his similia illo dicente, hospes benignus [i. e. S. Euflamus] placidis insequitur verbis : « O pater immense auctoritatis, Deus tibi sit propicius et tuorum retributor laborum largus assistat. Æquum quippe est me tibi parere et tuo acquiescere consilio. Non est impar, ut arbitror, me tuæ ætati cedere, quoniam itineris labore debilitatum, rerum vicissitudinibus fatigatum [te] video. Quid plura ? Cetera si desint, sors prior me jure recedere coegit

et hunc locum tibi prius possessum tecum relinquere. » Contendentibus itaque illis sic inter se, dum uterque utrique vellet cedere, ecce divina consolatio litem dividit amicam, sic dicens : « Hec altercatio in conspectu Domini jocunda sic dissolvetur : Dominus hanc domum sancto dedicavit Euflamo, eique semper habendam concessit. Hec autem provincia nomen suum a tuo contrahet, sancte Gestine, et ita communis erit vobis honor, et memoriam utriusque geret hic locus. » Sic itaque a nomine Jestini *Plestina* (1) vocatur pagus.

20. — Jestinus ad quandam silvam eidem loco vicinam conversationem habuit sanctissimam, atque locum ita sua consecravit [**Ms. p. 709**] presentia [ut] usque in hodiernum diem talia declarentur ibi miracula, quod nemo audeat etiam ramalia illius silvæ que super terram putrescunt colligere necdum frangere vel truncum secare. Virtutes vero S. Euflami magnificas in suo loco (2) et preclara studia et sanctam conversationem quis explicare poterit? Ab uberibus matris suæ Deo patri suo placuit, in virtutibus de die in diem magis ac magis profecit. Cursu non intermisso mundum virtuose percurrens, animam Deo denique reddidit acceptabilem et mundam. Corpus vero a sanctis qui ad ejus convenerant obitum in loco a Deo sibi concesso depositum est, utque honorifice posset ibi custodiri, cellula quedam superedificata est. Hic longo tempore pretiosum corpus requievit absconditum in corpore terre : cursu temporis labente, pene memoria ejus de terris ablata est.

Lectio IX.

21. — Credimus nonnullos illo habitasse loco, qui locum non noverant tam sanctum habere depositum ; sed divina jubente

---

(1) Plestin, contraction de Plou-Jestin ; auj. chef-lieu de canton de l'arrondissement de Lannion, Côtes-du-Nord.

(2) Le mot *locus* a ici bien manifestement le sens de monastère, cellule, oratoire, qui est aussi celui du *loc* breton dans la composition des noms de lieux, comme *Loc*-Eguiner, *Loc*-Gueltas, *Loc*-Malo, *Loc*-Queffret, etc.

gratia, thesaurus diu celatus, tandem repertus, humanum patuit ad usum. Quodam enim tempore, christicola quidam devotione plenus, in orationibus vigil, vigiliis, fame, siti, frigore domans carnis illecebras, beati Euflami, quamvis nescius, verus successor et heres, hujus loci sanctus extitit habitator. Hic duxerat in consuetudinem singulis hebdomadis, certo tamen die, sabbato scilicet, cellulam beati Euflami attentissime mundare. Quodam ergo die, dum huic honesto et solito intendens operi quadam parte telluris recentis guttas sanguinis videret repente prodire, viso sanguine, stupore percussus vehementi, toto diu diriguit corpore.

22. — Sed postquam, pulso stupore, demum rediit discretio mentis, sollicite deliberat unde sanguis ille duceret originem aut quid significabat. Quid vellet significare cogitat, deficit cogitando. Quandoque impetus est illi scrutari viscera terræ, sed tamen admiratione prohibetur. Demum, accepto consilio, adiit episcopum ; visa refert in ordine ; miratur auditis episcopus, habet consilium, viros peritos et magnæ religionis convocat in unum. Duce predicto christicola, sancti Euflami adeunt locum. Ibi, consilio sapientum, cum summa devotione fusis orationibus ad Dominum, jejuniis triduo celebratis, terram effoderunt ; sanctum corpus invenerunt, et litteris secum inventis (1), crebris quoque miraculis dignoscitur. Deus, cujus benigna voluntate reliquiæ sui confessoris repertæ patuerunt, suum confessorem miraculorum dignitate preclara in terris mirificare dignatus est.

23. — Oculi cæcorum aperti sunt et vident ; qui febre vexabantur hanela salubri fruuntur refrigerio ; a demonibus

---

(1) D'après Lobineau (*Vies des saints de Bret.*, édit. 1725, p. 88) ce passage voudrait dire qu'on aurait trouvé en terre, avec le corus de saint Eftiam, le texte de sa Vie « telle qu'elle est dans le Légendaire de Tréguer, » — circonstance qui lui semble plus que suspecte. Mais c'est beaucoup forcer et même violenter le sens de ces trois mots : *litteris secum inventis*, qui signifient seulement qu'on trouva avec le corps (probablement sur le sarcophage) une inscription portant le nom du saint, circonstance très admissible et très naturelle.

4

possessi, fugato demonio, in validam restaurantur salutem.
Inopes gressus, reddito sibi pedum officio, in beato Euflamo Deum
una voce collaudant. Multa morborum genera, interveniente
B. Euflamo, laudabiliter curantur. Agnito corpore, visis miraculis,
pontifex cum universitate [**Ms. p. 710**] cleri, oris una voce, una
cordis devotione, Dei jocundas erumpunt in laudes. Rex cum
suis principibus, qui ad inventionem tam sacri corporis advenerat,
gaudens gaudio magno valde, sanctum dignis honorat donis :
agros longe lateque diffusos S. Euflamo libere concessit. Universus
populus Britanniæ, videns se morborum verum invenisse cura-
torem, gratias agit summo Altitonanti medico, cui sit laus, honor
et gloria in sæcula sæculorum. Amen.

COMMENTAIRE HISTORIQUE

I

Caractère et époque de la légende
de saint Efflam.

A la suite du texte de cette Vie, dom Denys Brient (1), l'un des auxiliaires de Lobineau, a écrit la note suivante :

« Cette extravagante légende, que le Père Albert (Legrand) a pris soin d'accompagner de dates précises, est un monument de l'esprit de fable qui a régné vers le XIV⁰ siècle, depuis que les romans du roi Arthur et autres semblables devinrent à la mode. Comme il y avoit en Basse-Bretagne plusieurs saints dont la mémoire étoit vénérable et l'histoire peu connue, il se trouva des gens qui se divertirent à leur bastir de méchants romans, qui parurent d'autant plus beaux qu'ils étoient remplis de choses plus extraordinaires, et leur extravagance n'empêcha pas qu'on ne les fourrast, par la suite du temps, dans les Légendaires.

» Saint Efflam étoit quelque bon solitaire, qui vécut et mourut en réputation de sainteté dans son ermitage de Toul-Efflam, en la paroisse de Plestin dont il étoit patron, evesché de Tréguer; d'où son corps révéré du peuple fut ensuite transporté dans l'église de ladite paroisse. Il paroist qu'on en fait la feste dans le diocèse, et le P. Albert dit que l'hospital de Morlaix luy est dédié et qu'on voit plusieurs chapelles dans le païs basties en

____

(1) La copie de la légende n'est point de sa main ni de celle d'aucun des autres Bénédictins qui ont travaillé à l'histoire de Bretagne; le copiste est inconnu.

son nom (1). Il a apparemment vescu dans ces temps plus eloignez , c'est-à-dire depuis l'arrivée des Bretons jusque au VIIIe ou IXe siècle (2).

» Il n'est pas besoin de forger un saint Jestin pour donner le nom à Plestin, *Plebs Jestini;* quelque seigneur de ce nom en peut bien être l'origine (3). »

De son côté, dom Lobineau traite la Vie de saint Efflam — telle qu'elle est dans le Légendaire de Tréguer et que nous venons de la publier — de « conte, » de « roman, » d' « histoire toute romanesque (4). » Mais il ne dit rien de l'époque de sa rédaction.

Que cette Vie soit un document purement traditionnel, il suffit de la lire pour s'en convaincre. Que la tradition dont elle est l'organe soit en majeure partie fort altérée et d'une origine suspecte, cela ne fait pas doute non plus. S'en suit-il — comme le voudrait D. Brient — que cette Vie ait été écrite seulement au XIVe siècle et soit due uniquement à la fantaisie individuelle de quelque clerc romancier? Je me permets d'en douter. La tradition existait déjà au XIIe siècle et même elle était déjà célèbre, puisqu'on la sculptait alors, en granit rose, au portail d'un édifice situé à quelques lieues de Plestin, je veux dire la belle église romane de Perros-Guirec. Voici comme un excellent archéologue décrit ce portail :

« Son arc supérieur (dit-il) est en plein cintre et l'archivolte est subdivisée (dans le sens de son épaisseur) en quatre parties par trois retraits successifs. Six colonnes reçoivent, deux à deux,

---

(1) Entre autres, la chapelle Saint-Efflam, « près de Langoëlan et du Lescouët, au diocèse de Vannes, » dit M. de Kerdanet. *Vie des Saints de Bretagne,* d'Albert Legrand, édit. de 1837, p. 707, notes.

(2) En d'autres termes, dans l'époque comprise entre le IXe siècle et le commencement de l'émigration des Bretons insulaires en Armorique aux Ve et VIe siècles.

(3) Bibl. Nat., ms. fr. 22,321, p. 710.

(4) *Vies des Saints de Bretagne,* édit. 1725, in-fol., pp. 86 et 88

les retombées de l'archivolte ; elles sont couronnées de chapiteaux très évasés, ornés de personnages ou d'animaux. Le premier chapiteau, à gauche, représente un épisode de la vie de saint Efflam : le grand Arthur luttait vainement contre un épouvantable dragon qui désolait la paroisse de Plestin et le pays environnant la Lieue de grève (1) ; Efflam, arrivé naguère des côtes de l'Irlande, survient au moment où le guerrier va succomber sous la lassitude et sous les tourments d'une soif cruelle, et s'armant, dit la légende, du signe de la croix, il touche de son bâton d'apôtre le monstre qui recule épouvanté, se précipite dans la mer et disparaît sans retour. C'est cette dernière partie de la scène qui fait le sujet du premier chapiteau (2). »

Ce chapiteau date notre légende : elle doit être au moins du XIIe siècle et — à voir comme elle parle d'Arthur — plutôt du commencement que de la fin. Ce héros n'est encore ici ni le chef des chevaliers de la Table-Ronde, ni le gigantesque empereur du monde, dont le roman historique de Geofroi de Monmouth, à partir de 1150 environ, répandit le nom, l'image, la renommée incomparable chez tous les peuples occidentaux et d'abord, évidemment, dans les deux Bretagnes. Arthur est surtout ici un dompteur de monstres, à peu près comme dans Nennius, avec plus d'envergure cependant et plus de grandeur dans ses entreprises, puisqu'il étend sa mission sur le continent, tout au moins en Petite-Bretagne.

Mais il n'est pas encore l'invincible triomphateur qu'il deviendra bientôt, puiqu'il ne peut venir à bout du dragon de la Lieue de grève et se voit obligé de céder cette victoire à saint Efflam. Déjà, sans doute, sa grandeur se prépare, toutefois elle

---

(1) Sur la Lieue de grève, voir ci-dessus, p. 11.

(2) *Essai sur l'histoire de l'architecture religieuse en Bretagne aux XIe et XIIe siècle*, par M. Charles de la Monneraye, dans le *Bulletin archéologique de l'Association Bretonne* (1re série), tome I (1847-48), p. 159. — Le portail dont il s'agit s'ouvre dans la longère méridionale de l'église de Perros.

n'a pas reçu le couronnement que lui donnera bientôt le roman historique de Geofroi et qui rayonnera promptement sur toute l'Europe.

L'état où se présente à nous, dans la Vie de S. Efflam, la figure, la physionomie d'Arthur répond donc très bien au commencement du XIIe siècle. C'est donc là l'époque de notre légende.

II

Le fond sérieux de la légende.

Maintenant, qu'y a-t-il dans cette légende? Pour le fond et pour la forme, quel est son intérêt, sa valeur?

La forme a visiblement des prétentions littéraires; le style abondant et même prolixe, mais facile et clair (1), s'épanche avec complaisance en narrations détaillées et en discours redondants visant à l'effet. Nul doute, après cela, que l'auteur n'ait brodé sur le thème traditionnel des ornements de fantaisie, et s'il n'a pas enrichi ce thème de nouveaux épisodes (ce qui n'est pas sûr), du moins aura-t-il choisi pour les mettre en relief les données les plus merveilleuses, les plus romanesques, fournies par la tradition.

Enfin, sous ces oripeaux, ces parures trop éclatantes, y a-t-il un corps? Sous ces frondaisons exhubérantes y a-t-il un fond, un terrain solide, réel, si exigu soit-il?

Oui, sans doute, il y en a un, mais il n'est pas large, il peut tenir en quelques lignes, le voici.

Au VIe siècle, une bande d'émigrés venant d'outre-mer dans des barques de cuir appelées *curuchs* ou *curachs,* — familières aux habitants des Iles Britanniques, — aborda au rivage armoricain, les uns prenant terre sur la Lieue de grève, les autres à l'embouchure du Leguer, dans le port gardé par cette

(1) S'il y a çà et là dans le texte publié ci-dessus quelques obscurités, elles viennent surtout des fautes de copiste.

ville, cette forteresse gallo-romaine dont on voit les derniers restes au Yaudet et qui, fort ébréchée dès cette époque devait encore dresser sur ce promontoire des ruines imposantes et quelques maisons habitées. A la tête de cette bande était un jeune chef, Efflam, avec une toute jeune femme, Enora. Touchés de la grâce, Efflam et sa femme se consacrèrent l'un et l'autre au service de Dieu. Tout le rivage, sur le bord de la Lieue de grève et aux alentours, était une forêt et une solitude complète (1). Efflam s'établit dans cette forêt, y fonda avec ses compagnons un monastère, qui défricha, cultiva, christianisa le pays. Il eut pour auxiliaire dans cette mission un autre moine, appelé Gestin, qui laissa son nom au premier *plou* ou petite colonie bretonne fondée dans ces parages, laquelle est représentée encore aujourd'hui par la paroisse de *Plou-Gestin, Plou-Estin* ou *Plestin* 2).

Quant à Enora, elle construisit une cellule, un oratoire dans la forêt, près de la demeure de son mari; tous les jours, elle allait à la porte de cette demeure pour recevoir ses instructions. Jamais cette porte ne s'ouvrait, jamais les deux époux ne se voyaient, ils ne se parlaient qu'à travers la muraille de la cellule d'Efflam (3). C'était en effet, chez les moines bretons du VIe siècle, un point de discipline des mieux marqués, des plus accusés dans nos documents hagiographiques, de ne laisser absolument, sous aucun prétexte, pénétrer dans les monastères d'hommes aucune femme. Efflam finit même, dit-on, par envoyer la sienne fonder un couvent de son sexe en Cornouaille (4).

Nous trouvons encore dans cette légende un autre trait très accentué et très caractéristique du monachisme breton du VIe siècle.

---

(1) « Quoddam monstrum *a silca exiens.* » (Vit. S. Euflami, n. 5, ci-dessus p. 11) — « *In tam castis* et horribilibus *solitudinibus.* » (Ibid., n. 6, même page).

(2) « Sicque *a nomine Jestini Plestina vocatur pagus* » Vit. S. Euflami, n. 19, ci-dessus p. 20.

(3) « Stabat foris juxta parietem, et cum famulo Dei loquens, *non eo viso,* ad proprium revertebatur domicilium. » (Ibid., n. 17, ci-dessus p. 18).

(4) Ibid., n. 17, ci-dessus p. 18.

L'hagiographe rapporte qu'Efflam ayant trouvé dans la forêt, au bord d'un ruisseau, à peu de distance du rivage, une logette ou cellule abandonnée, de construction antique, en un lieu appelé Donguel, il s'y établit (1) et en fit le centre de la nouvelle colonie monastique. Mais, ajoute la légende, les compagnons d'Efflam, « pour jouir plus librement de la soli-
» tude et de la vie contemplative, voulurent avoir chacun leur
» retraite séparée. Laissant donc Efflam seul dans sa demeure,
» ils se dispersèrent autour de lui et construisirent leurs cellules
» à peu de distance de la sienne, de façon à se réunir à lui
» pour prier avec lui les jours de fête et pour prendre leur
» réfection (2). »

Ce passage est curieux et important. L'originalité des monastères scoto-bretons des Ve, VIe, VIIe siècles, c'était justement que les moines ne logeaient point sous le même toit, que chacun d'eux avait sa cellule, sa logette séparée, et qu'ils se réunissaient seulement pour les offices et pour les repas. Ici c'est tout à fait le même régime : régime dont on n'avait même plus la notion au XIIe siècle, et dont l'hagiographe n'avait pu retrouver le souvenir — un souvenir si précis et si clair — que dans un débris de la tradition primitive remontant au VIe siècle. Ce passage, lui seul, suffit à authentiquer l'histoire d'Efflam, dans le fond restreint, essentiel, à quoi elle doit être réduite, non pas, bien entendu, dans ses fioritures.

Un autre passage notable, c'est celui où la légende, parlant de la cellule adoptée pour demeure par Efflam, dit qu'elle était peu éloignée du rivage, sans être cependant sur le rivage; « qu'en
» langue bretonne on l'appelle *Donguel* et que c'était un ouvrage

______

(1) Vit. S. Euflami. n. 10, ci-dessus p. 14.

(2) « Postea, ut divinæ contemplationi liberius vacarent, decreverunt ut quisque proprium haberet secessum. Sic itaque discedentes in collaterales portes, sanctum solum Euflamnum in domum sibi dilectam relinquunt, et in adjacentibus ei plagis habitacula sibi preparaverunt, unde in festivis diebus ad eum conveniebant et ad tempus refectionis. » (Vit. S. Euflami, n. 11, ci-dessus p. 15).

» des anciens, comme le prouve bien aujourd'hui encore (ajoute-
» t-elle) la matière et la qualité de cette construction (1). »

On croit généralement aujourd'hui que la chapelle Saint-
Efflam, située vers l'extrémité sud-ouest de la Lieue de grève (2),
marque le lieu où vécut et mourut le saint et d'où son corps fut
tiré, comme nous le dirons tout à l'heure, pour être transféré
dans l'église paroissiale de Plestin. Le passage qu'on vient de
citer détruit cette opinion.

Saint Efflam vécut, mourut dans sa cellule de Donguel, trans-
formée en chapelle après sa mort et où son corps fut retrouvé.
On ignore aujourd'hui la situation de Donguel, ce nom (croyons-
nous) est inconnu ; mais Donguel, n'étant pas sur le rivage, ne
peut être identifié à la chapelle Saint-Efflam actuelle, qui est sur
la grève, et d'ailleurs relativement très moderne.

L'hagiographe du XIIe siècle connaissait Donguel, il avait là
sous les yeux une construction antique, considérée comme la
cellule de saint Efflam. Il trouvait donc là une tradition bien plus
ancienne que celle d'aujourd'hui, qui pouvait dans son essence
remonter au VIe siècle et qui fortifie encore, en cette partie,
l'autorité de son récit.

III

Les broderies de la légende.

Ce qui a fait la fortune et ce qui fait l'originalité de l'histoire
de saint Efflam, c'est la double retraite, la double consécration
religieuse des deux époux. Deux êtres, jeunes et beaux, sacrifiant
sans l'abdiquer leur tendresse, ne pouvant se séparer tout à fait,

(1) « A littore discedunt (sancti viri)... in quamdam incidunt cellulam non
multum a littore remotam, quæ lingua Britannorum *Donguel* nuncupatur et ab
antiquis ædificata est, *ut operis materies et qualitas etiam nunc declarat.* »
(Vit. S. Euflami, n. 10, ci-dessus, p. 11).

(2) Tout auprès est la fontaine qu'Efflam, selon notre légende, fit sourdre
pour désaltérer Arthur et qu'on appelle Toul-Efflam (le Trou d'Efflam).

mais se condamnant eux-mêmes au supplice de ne se plus voir,
de ne se parler plus que rarement et à travers une muraille, —
cela a ému l'imagination populaire, comme le prouve le beau
cantique de saint Efflam publié par M. de La Villemarqué dans le
Barzas-Breiz, — cela a attiré sur les héros les faveurs spéciales
de la légende ; car, si dans la Vie latine il y a, comme on vient de
le voir, un fond certain, il s'y trouve aussi bien du roman, même
plus que dans le cantique.

Et d'abord, l'origine irlandaise. Si l'on voit clairement pourquoi,
aux Ve, VIe, VIIe siècles, les Bretons insulaires, chassés et
traqués par les Saxons, venaient de leur île en Armorique, on ne
devine pas du tout pourquoi les Scots, Hibernois ou Irlandais,
auraient de leur plein gré abandonné leur patrie pour venir en un
pays où rien ne les appelait. Il faut donc n'admettre qu'à bon
escient les prétendues émigrations d'Irlandais en Armorique. Il
y a ici grave motif de doute, car la tradition à cet égard n'est pas
constante : M. de la Villemarqué nous apprend, dans le *Barzas-
Breiz*, qu'une version du cantique de saint Efflam fait venir le
saint non d'Hibernie, mais de Démétie, c'est-à-dire du sud-ouest
du pays de Galles (aujourd'hui Penbrokeshire). Ce qui décida sans
doute l'hagiographe du XIIe siècle à faire de saint Efflam le fils
d'un roi d'Irlande, ce fut le désir de le mettre de pair avec saint
Maudez, très célèbre en Bretagne, surtout en Tréguer, et à qui
l'on assignait ce rang et cette origine. Pour faire mieux encore
et lui donner sur Maudez une supériorité décisive, la légende
imagina cette alliance diplomatique d'Efflam et d'Enora, conclue
pour la pacification et le bonheur de l'Irlande, puis cette fugue
précipitée pendant la nuit des noces (1).

C'est peu de l'avoir fait plus grand que saint Maudez, il le faut
maintenant élever au-dessus de saint Tudual, l'illustre fondateur

____

(1) Vit. S. Euflami, n. 1 à 5, ci-dessus, pp. 8 à 10. — Plus tard, au XIVe siècle,
l'auteur de la deuxième Vie de S. Maudez trouva moyen de remettre son héros
au niveau de S. Efflam, en lui prêtant une aventure analogue ; mais dans la
première Vie de S. Maudez il n'y en a pas trace.

de Tréguer. Tudual avait détruit un dragon, c'est-à-dire com-
battu, vaincu autour de lui le paganisme. Ce n'était là rien de bien
extraordinaire, beaucoup d'autres saints, en Bretagne et ailleurs,
avaient au même titre, à leur actif, un triomphe pareil ; Efflam,
ayant lui aussi lutté contre le monstre, ne pouvait manquer de
compter dans sa tradition ancienne quelque victoire de ce genre.
Le légendaire du XII⁰ siècle se piqua de relever cet exploit banal.
En définitive, il y a dragon et dragon. Au XIIe siècle, on ne
parlait que d'Arthur et l'on en parlait partout et l'on ne connaissait rien de plus grand que lui. Un dragon qui l'aurait tenu en
échec, c'était bien autre chose qu'un dragon vulgaire, une des
victimes ordinaires des Pol, des Tudual, des Armel, etc. L'hagiographe imagine donc un combat où Arthur attaque impé-
tueusement le monstre avec sa terrible épée, sa massue à trois
têtes, son bouclier en peau de lion, surtout avec son bouillant,
son invincible courage ; tout ce que le héros peut faire c'est de
défendre le champ ; le dragon un peu blessé se replie en bon
ordre. Paraît Efflam : avec une petite prière il terrasse le
monstre, il le force à se jeter dans les flots du haut d'une
roche située dans la partie ouest de la Lieue de grève et dite
aujourd'hui encore *Roc'h-Ru*, c'est-à-dire Roche-Rouge (1).
— Ainsi Efflam l'emporte du même coup sur Tudual et sur
Arthur.

On ne pouvait laisser non plus la pauvre princesse Enora sans
consolation. En se réveillant solitaire le lendemain de ses noces,
son premier désir est d'aller vers son mari, pour vivre de la
même vie que lui, mais près de lui. Le vieux cantique est ici fort
bien inspiré :

« Les vieillards (dit-il) ont raconté comment les anges la
» portèrent, endormie dans leurs bras, à travers la grande mer,
» et la déposèrent sur le seuil de l'hermitage de son mari.

» Quand elle se réveilla au seuil de l'ermitage, elle frappa à

_____

(1) Voir *Vit. S. Euflami*, n⁰ 5 à 9, ci-dessus, pp. 11 à 13.

» la porte trois coups : — « Je suis votre douce et votre femme,
» que Dieu a amenée ici (1). »

La légende, au contraire, est fort bizarre. Jugeant, semble-t-il,
trop merveilleux l'enlèvement par les anges, elle invente de faire
coudre Enora dans une outre, un véritable ballon de cuir, qui
lancé sur l'Océan arrive sans fissure et sans encombre à l'embouchure du Leguer, où il reste à sec dans une pêcherie construite
sous la forteresse du Yaudet. Le gardien de la pêcherie l'en retire,
le considère stupéfait comme un monstre marin d'un genre inconnu,
— quand tout à coup ce cuir se met à parler d'une voix très
douce, puis se fend du haut en bas,— et comme une néréide sor-
tant d'un œuf gigantesque, la princesse paraît fraîche et timide,
belle et touchante, excitant aussitôt la convoitise du seigneur
du Yaudet qui la poursuit au galop de son cheval sans pouvoir
l'atteindre jusqu'à l'ermitage d'Efflam et qui, pour avoir étendu
la main vers elle comme elle y entre, est frappé de paralysie (2).
— Inutile de dire que ce personnage, qualifié par la légende
tirannus civitatis, c'est-à-dire, tiern, chef, prince de la cité de
Lexobie (voir ci-dessus p. 17), est purement fabuleux.

Pour un roman d'aventures, cela n'est pas, après tout, si mal
trouvé. Mais il y a ici plus qu'un roman.

La description de la pêcherie du Léguer, fermée de murailles
en pierres carrées — *claustrum quoddam, quod ex quadris
lapidibus sub civitate in mari compositum fuerat* (3) —
cette description décèle nettement une grande construction
gallo-romaine, que l'auteur de la légende avait sous les yeux
et prouvé l'importance, encore considérable au XIIe siècle, des
restes de l'établissement romain du Yaudet.

L'étrange navigation attribuée à la princesse Enora démontre
l'ancienneté des traditions sur lesquelles travaillait l'hagiographe,

(1) *Barzas-Breiz,* 3° édit. (1845), t. II, pp. 418-421.
(2) Vit. S. Euflami, n. 12 à 15, ci-dessus pp. 15 à 18.
(3) *Ibid.,* n° 12, ci-dessus, pp. 15-16.

et qui évidemment mentionnaient l'usage des antiques barques de cuir (*curuchs*, *curachs*) des Bretons et des Scots.

Le combat d'Arthur contre le dragon de la Lieue de grève a une importance particulière pour l'histoire de la légende arthurienne, car c'est, dans toute cette légende, le seul épisode auquel on puisse assigner sûrement une origine brito-armoricaine, — la critique sérieuse ayant depuis longtemps renoncé (avec raison) à chercher dans la Bretagne Armorique les sources ou les précurseurs du roman de Geofroi de Monmouth (1).

Quant aux relations d'Efflam avec S. Gestin, nulle raison de les révoquer en doute, — Gestin fondateur du *plou* qui porte son nom ayant dû vivre, comme Efflam, dans le VIe siècle, au plus fort de l'émigration bretonne et de la fondation des *plou* bretons. Mais le détail des relations entre ces deux personnages, comme le donne la légende, ne peut guère être tenu pour vrai ni même pour vraisemblable : cela est trop cherché. Gestin aurait, soi-disant, abandonné, pour aller à Rome, cette antique cellule de Donguel où Efflam, la voyant vide, s'était installé. Puis Gestin revient, trouve son logis occupé; alors c'est entre les deux moines un assaut de politesses et de beaux discours, à qui se retirera et cédera la place à l'autre. Le légendaire s'est donné là tout simplement un spécieux prétexte pour placer sa rhétorique.

Le pèlerinage à Rome n'est nullement vraisemblable : les moines bretons du VIe siècle n'y allaient guère, mais les légendaires du XIIe siècle les y envoyaient rétrospectivement très volontiers, pour mieux effacer le souvenir des anciens dissentiments sur la Pâques et la tonsure, que les Romains avaient indûment traités de schisme, pour effrayer et dompter l'orthodoxie sincère des Bretons (2).

Vraisemblablement, Gestin eut son principal établissement, son

----

(1) Voir à ce sujet notre mémoire intitulé : *L'Historia Britonum de Nennius et l'Historia Britannica avant Geofroi de Monmouth* (Paris. Champion, 1883), pp. 99 à 108.

(2) Vit. S. Euflami, nos 18, 19, ci-dessus, pp. 19-20.

monastère, au lieu où se fixa le chef-lieu de son *plou*, aujourd'hui
le bourg et l'église de Plestin; mais peut-être n'y fut-il pas
inhumé, et c'est pourquoi il fut si facile, comme on le verra
bientôt, de lui substituer Efflam en qualité de patron de la
paroisse.

D'après la Vie de saint Efflam, Gestin se serait en effet retiré
avant sa mort dans une forêt voisine, et il sanctifia tellement
cette forêt par ses miracles et ses vertus qu'au temps où écrivait
l'hagiographe on la traitait comme un bois sacré : on n'osait pas
y couper un arbre ni briser une branche vive; même les ra-
meaux, les pieds de bois abattus par le vent ou la tempête gisaient
et pourrissaient sur le sol, personne n'y voulant toucher par
crainte révérentielle (1).

IV

Sépulture et translation de saint Efflam.

Reste à parler de la sépulture de saint Efflam et de la translation
de son corps dans l'église de Plestin.

Suivant la légende latine, Efflam fut enseveli à Donguel, là
même où il avait vécu, et pour assurer le respect de sa dépouille,
on érigea au-dessus de sa sépulture ce que l'hagiographe appelle
une *cellule*, c'est-à-dire un oratoire, une petite chapelle; il veut
dire probablement qu'on transforma en chapelle la cellule habitée
par lui mort et vivant (2). Cette chapelle fut d'abord, sans aucun

____

(1) « Jestinus ad quandam silvam eidem loco vicinam conversationem habuit
sanctissimam, atque locum ita sua consecravit presentia, ut usque in hodiernum
diem talia declarentur ibi miracula, quod nemo audeat etiam ramalia illius silvæ
que super terram putrescunt colligere, necdum frangere aut truncum secare »
(Vit. S. Euflami, n° 20. ci-dessus, p. 20).

(2) « Corpus vero a sanctis qui ad ejus convenerant obitum in loco a Deo sibi
concesso depositum est. utque honorifice posset ibi custodiri, cellula quedam
superedificata est. » (Vit. S. Euflami, n° 20, ci-dessus, p. 20). La légende
appelle toujours cette cellule ou chapelle « *locus Euflami*, » c'est-à-dire le monastère ou oratoire d'Efflam.

doute, placée sous le vocable du saint lui-même; mais à la longue,
par suite de circonstances qu'on ne dit pas — très probablement,
les désastres des invasions normandes, — le souvenir d'Efflam
et de sa sépulture en ce lieu finit par s'effacer presque entièrement (1).

Son antique cellule, solidement construite, tint bon; mais elle
finit par devenir la demeure d'un simple fidèle, très vertueux,
du reste et très bon chrétien, qui tous les samedis la balayait et
la nettoyait avec grand soin. Un jour qu'il se livrait à ce travail,
il vit dans un coin de l'édicule le sol rougi, taché de quelques
gouttes de sang. Très étonné, ne pouvant deviner d'où venait
ce sang, il finit par aller trouver l'évêque (l'évêque de Tréguer)
et lui raconta le fait.

L'évêque prend conseil ; accompagné de sages et pieux personnages il se rend à la cellule de Donguel; après trois jours de
jeûnes et de prières il en fait fouiller le sol, bientôt on retrouve
le corps d'Efflam dont le nom, inscrit sur son sarcophage, est de
nouveau honoré, loué, consacré par de nouveaux miracles, glorifié
par de grandes fêtes, avec l'assistance d'une foule énorme, d'un
nombreux clergé, même « du roi du pays et des principaux sei-
gneurs » (*rex cum suis principibus*) (2). Enfin, — bien que la
légende ne le dise pas explicitement, — c'est à ce moment, à cette
occasion, sans aucun doute, qu'on transféra le saint de sa vieille
et vénérable cellule ou oratoire de Donguel dans l'église paroissiale de Plestin, dont il devint depuis lors, malgré saint Gestin, le
premier patron et où on lui érigea un tombeau monumental, qui
fut renouvelé quand on rebâtit l'église au XVIe siècle (vers 1576)
et qui sous cette dernière forme subsiste encore aujourd'hui.

A quelle époque faut-il rapporter la découverte du corps
racontée par la légende et suivie des fêtes de la translation?
L'hagiographe, si abondant en détails sur les événements d'Irlande

(1) « Hic longo tempore pretiosum corpus requievit absconditum in corpore
terre ; cursu tempore labente, pene memoria ejus de terris ablata est » (*Ibid*).
(2) Vita S. Euflami. n. 21 à 23. ci-dessus pp. 20 à 22.

et sur les exploits d'Arthur au VIe siècle, est ici bien trop discret
sur les choses de Bretagne. Il en dit assez pour piquer notre cu-
riosité, trop peu pour la satisfaire. Ce roi, entre autres, qu'il
amène là sans autre explication, est une vraie énigme.

Le mot de cette énigme, le P. Albert Legrand va nous le
donner. Lui, on le sait, il n'est jamais à court de dates et de
noms propres, mais il est rarement heureux dans ses conjectures.
Ici, heureusement, il n'a pas conjecturé; il a eu pour guides les
traditions et les documents anciens conservés par le Légendaire
manuscrit de la paroisse de Plestin et passés de là dans l'office de
S. Efflam, imprimé à Cuburien en 1575 (voir ci-dessus p. 7).

Selon Albert, la découverte du saint corps fut faite par Paul,
évêque de Tréguer, et « la translation advint l'an 994, sous le
» règne de Geoffroy Ier du nom, duc de Bretagne (1). » Or, il se
trouve que ce Geofroi fut le dernier souverain de Bretagne salué
du titre de roi, comme l'atteste un acte du Cartulaire de Redon
daté de l'an 1027, où on lit : « *Ex jussu et voluntate Alani
Britanniæ ducis, Gaufridi filii qui etiam a nonnullis Rex
vocabatur* (2). »

Dès lors, loin d'être une énigme, ce titre de *Rex* qui figure
dans la légende devient la confirmation de son récit, et tout
s'explique aisément (3).

Au lieu d'emporter hors de Bretagne, lors des invasions normandes, le corps de saint Efflam, on avait dû, pour le soustraire
aux profanations, l'enfouir profondément, avec son sarcophage,
dans le sol de son oratoire. L'absence des Bretons hors de Bretagne pendant les trente années de l'occupation piratique, avait
fait oublier bien des choses, entre autre le vocable de l'oratoire
de Donguel et la présence du corps saint caché en ce lieu.

(1) *Vies des Saints de Bretagne* d'Albert Legrand, édit. 1837, p. 707 ; 3e édit.
1680, p. 577.

(2) D. Morice, *Preuves*, I, 363.

(3) Près du tombeau est ou était naguère une tablette portant peinte cette
inscription : « *Cy gist le cor du glorieux saint Efflam, prince, fils du roi d'Hy-
bernie, en 994.* » Mais cette inscription, en caractères tout modernes, avait sans
doute été fabriquée d'après Albert Legrand.

L'évêque de Tréguer. Paul, indiqué par Albert comme ayant retrouvé le corps d'Efflam, n'a laissé aucun acte authentique venu jusqu'à nous; mais il figure dans les anciens catalogues et il n'existe contre son épiscopat aucun argument, aucune difficulté sérieuse.

Enfin, du moment que les fêtes de l'invention et de la translation de S. Efflam avaient lieu à la fin du Xe siècle ou au commencement du XIe, de 992 à 1008, c'était en effet le duc-roi Geofroi qui devait les présider, non pas seulement comme souverain de Bretagne, mais comme comte de Tréguer, car tout le nord de la Bretagne était alors possédé immédiatement par la branche aînée de la maison de Rennes dont Geofroi était le chef, aussi bien le comté de Tréguer et le comté de Penthièvre que les comtés de Rennes et de Porhoët.

Aujourd'hui il ne semble plus rien rester du corps de saint Efflam. M. de Kerdanet nous apprend « qu'en 1819, M. Nayrod, recteur de Plestin, ayant donné une mission à sa paroisse voulut profiter de cette circonstance pour faire l'élévation des reliques de saint Efflam. Dans la soirée du 26 juin, on procéda à l'ouverture du tombeau en présence d'un nombreux clergé, d'un médecin et d'un chirurgien. A la profondeur d'environ trois pieds, on rencontra une grande pierre plate sur laquelle était gravée une hache; on passa une partie de la nuit à creuser encore plus profondément sans rien trouver, si ce n'est quelques débris d'ossements mêlés parmi la terre, une petite croix de cuivre corrodée de vert-de-gris, et quelques feuilles de varech bien conservées (1). »

La pierre plate marquée d'une hache était évidemment le couvercle du sarcophage, dont l'auge se sera trouvée brisée en 994,

---

(1) *Vies des Saints de Bretagne* d'Albert Legrand, édit. Kerdanet (1837), p. 707, notes. — D'après l'ouvrage intitulé : *Les Côtes-du-Nord,* de B. Jollivet, imprimé à Guingamp en 1859 (t. IV, p. 121), « M. l'abbé Kermoalquin, dans ses *Études sur les villes de Bretagne*, soutient qu'on trouva (lors de la fouille de 1819) des ossements humains dans ce tombeau, et que cette circonstance est mentionnée au procès-verbal; » ce qui d'ailleurs peut s'accorder avec la note ci-dessus de M. de Kerdanet, suivant laquelle on trouva en terre des « débris d'ossements ».

lors de la découverte et de la translation du corps, qui aura été alors placé dans un cercueil de bois, et certes il n'y a pas à s'étonner si après plus de huit siècles de séjour dans la terre il ne restait plus de ce corps que « quelques débris d'ossements, » tout le reste étant réduit en poussière.

V

Conclusion.

Il n'y a nulle raison sérieuse de croire Efflam originaire d'Irlande, surtout en présence des divergences de la tradition à cet égard.

Il y a, au contraire, de bonnes raisons de le croire originaire de l'île de Bretagne.

Tout ce qu'on peut affirmer de lui, c'est qu'il fut le chef d'une bande d'émigrés qui aborda en partie sur la Lieue de grève, en partie à l'embouchure du Léguer; c'est que lui et sa femme se vouèrent à la vie religieuse; qu'il fonda un monastère (conforme à l'organisation monastique des Scots et des Bretons du VIe siècle) dans la forêt qui couvrait alors le rivage de la Lieue de grève; c'est qu'il évangélisa et défricha ce pays, de concert avec une autre moine breton, son voisin, saint Gestin, fondateur du *plou* auquel il donna son nom, *Plou-Gestin* ou *Plestin*.

La grande époque des émigrations bretonnes étant le VIe siècle, l'organisation du monastère d'Efflam étant celle des monastères bretons de cette époque. — c'est au VIe siècle qu'il faut nécessairement placer saint Efflam.

La Vie de saint Efflam, en partie fondée sur des traditions anciennes, en partie œuvre d'imagination, est encore, même à ce dernier point de vue, fort curieuse, surtout parce qu'elle contient le seul épisode de la légende arthurienne d'origine brito-armoricaine.

On y trouve aussi de curieux détails sur la topographie du pays, notamment sur le Yaudet.

NOTE ADDITIONNELLE

Le P. Albert Legrand a composé sa Vie de S. Efflam, non d'après le texte du Légendaire de Tréguer édité ci-dessus par nous (pp. 8-22 ci-dessus), mais d'après une Vie « extraite des » anciens légendaires manuscrits de l'église parrochiale de » Plestin, rédigée en ordre d'office ecclésiastique par leçons, » hymnes et respons, imprimée au convent de Cuburien près » Morlaix l'an 1575 (1). »

Nul doute que cette Vie du légendaire de Plestin ne concordât presque entièrement avec celle du légendaire de Tréguer. Toutefois nous avons noté plus haut (p. 36), dans les manuscrits de Plestin, relativement à l'époque de la découverte et de la translation du corps de S. Efflam, certains renseignements utiles conservés dans la tradition locale et qui ne se trouvent plus dans la version du Légendaire de Tréguer, telle que la reproduit la copie des Blancs-Manteaux.

Voici une autre différence que nous devons noter entre le Légendaire de Tréguer et celui de Plestin. Il s'agit de la façon dont la princesse Enora s'y prit pour passer d'Irlande en Armorique.

« Elle fit équiper (dit Albert Legrand) un bateau de cuir » bien joint, cousu et poissé, car, en ce temps-là les peuples » septentrionaux, tant des isles que de la terre ferme usoient

______

(1) Albert Legrand. *Vie des SS. de Bretagne.*, 1re édit., 1637, p. 569; édit. 1837, p. 707. Dans la 3e édition d'Albert Legrand (Rennes. 1680, p. 577), cette note porte : « rédigée en ordre d'office ecclésiastique par *Léon*, hymnes et respons, » au lieu de : « par *Leçons*, hymnes et respons. » De cette faute d'impression M. de Keidanet (*Notice sur les écrivains de la Bretagne*, p. 92) a conclu qu'il existait une *Vie de saint Efflam* composée par un auteur du nom de *Léon* : méprise singulière, erreur complète.

» de cuir en leurs vaisseaux, au lieu d'aix et de planches »
(*Vie des SS. de Bret.*, édit. 1680, p. 573; édit. 1837, p. 703).

Dans la Vie du Légendaire de Tréguer, Enora n'use pas de
bateau, mais d'une outre de cuir parfaitement close. Si le
P. Albert avait trouvé cette circonstance dans le texte latin
suivi par lui, nul doute qu'il ne l'eût reproduite. Mais apparemment le clerc de Plestin transcripteur de la légende, un peu
effarouché par cette navigation extraordinaire, avait jugé à
propos de restituer à l'outre de cuir sa forme plus naturelle de
bateau. En tout cas, il y avait lieu, croyons-nous, de noter
cette différence.

TABLE

Typ. Oberthür, Rennes—Paris (547-92).

DU MÊME AUTEUR

LA BRETAGNE AUX GRANDS SIÈCLES DU MOYEN-AGE (938 à 1364). — Résumé du cours d'histoire professé à la Faculté des Lettres de Rennes en 1891-1892. — Rennes, Plihon et Hervé, 1892. Un vol. in-12.

RECUEIL D'ACTES INÉDITS DES DUCS ET PRINCES DE BRETAGNE (XIe, XIIe, XIIIe siècles). — Rennes, Plihon et Hervé, libr.-édit. 1888. In-8°.

ESSAI SUR LA GÉOGRAPHIE FÉODALE DE LA BRETAGNE, avec la carte des fiefs et seigneuries de cette province. — Rennes, Plihon et Hervé, 1889. Gr. in-8°.

HISTOIRE DE BRETAGNE — CRITIQUE DES SOURCES

(EXAMEN DES DOCUMENTS HAGIOGRAPHIQUES)

LES TROIS VIES ANCIENNES DE S. TUDUAL, texte latin et commentaire historique. — Paris, H. Champion, 1887. In-8°.

SAINT MAUDEZ. Texte latin des deux Vies les plus anciennes de ce saint, avec notes et commentaire historique. — Rennes, Plihon et Hervé, 1891. In-8°.

MIRACLES DE SAINT MAGLOIRE. Textes latins et français, avec notes et commentaire historique. — Rennes, Plihon et Hervé, 1891. In-8°.

SAINT GOULVEN. Texte latin de la Vie la plus ancienne de ce saint, avec notes et commentaire historique. — Rennes, Plihon et Hervé, 1892. In-8°.

SAINT HERVÉ. Texte latin de la Vie la plus ancienne de ce saint, avec notes et commentaire historique. — Rennes, Plihon et Hervé, 1892. In-8°.

SAINT EFFLAM. Texte de sa Vie latine ancienne, avec notes et commentaire historique. — Rennes, Plihon et Hervé, 1892. In-8°.

Typ. Oberthür, Rennes—Paris.

www.ingramcontent.com/pod-product-compliance
Lightning Source LLC
Chambersburg PA
CBHW061119050726
47594CB00005B/2008